빨간 우체통과 새

발견시선 048

빨간 우체통과 새

한보람

시인의 말

삶의 한가운데
사람의 둘레를 오래도록 짚어 보고

혼자서 오랫동안 집을 짓고 부수었습니다.

붉었던 숨을
눈보라를
어제의 비를
사라지는 것들에 대한 이름을

이곳에 조용히 전시합니다.

2025년 10월
한보람

차례

5 시인의 말

1부 / 정다운 매미

12 때때로 범어동에서 죽은 새를 본 적이 있다
13 탑
14 바람개비
15 궁핍의 수
16 급제동
17 마치 빚진 돌반지를 받으려는 듯
18 석양
19 홍염이 지나 보다
20 실어증
22 그럼에도 묵비권
24 육개장
26 품종 개량
28 2호선
30 숲이 뱉어 놓은 꽃말
32 왈츠를 추며 놀다
34 빨간 우체통과 새

36 봄의 양손잡이
38 닿을 수 없는 온도
40 시멘트의 처세술
42 질문들
44 묵념에 대한 예의
46 발목이 없는 잉어가 내게 말을 거네
48 오늘의 카스테라
50 詩

2부 / 매일 책상의 다리를 붙잡고 잠이 들었다

52 발목
53 저녁의 어깨
54 어려운 공존
56 오른쪽 눈으로 첫눈이 내렸다
58 소꿉놀이
60 흙
62 생일 케이크
64 책상을 찾아가는 밤

66　7과 1/2의 경쾌한 발걸음
68　팔분의 육박자의 서랍장
70　우리는 여전히 에스컬레이터 위
72　삼겹살을 구워 먹는 저녁
74　벽에 속삭임을 걸어요
76　불편한 잠
78　나는 유리병에 갇혀 있는 바코드
80　재단되는 나
82　수영장의 세계
84　화양연화
86　한밤의 동물원

3부 / 풀잎 향 가득 담은 강아지풀이 왔다

88　발목을 잡는 강아지 풀
90　여름 바다
92　신호음만 가는 세계
94　당신은 안녕하신지
96　이제 구름빵을 녹여야 겠어요

98 타원형의 온도
100 범어동 씨앗들
102 범어동 10시의 나무들
104 씨앗, 움트게 하는 눈사람
105 날개가 돋아나는 방
106 알람처럼, 휘파람을 불어요
108 슈크림과 사슴
110 소녀와 피아노
112 크리스마스 환상곡
114 열한 시의 유실물 보관소
116 비 내리는 수요일
118 길을 여는 엑스레이
120 하루살이
122 천 원짜리
124 반송된 초대장
126 단단한 식욕

해설
130 오래도록, 깊이, 그리하여 새의 언어로
— 임지훈

1부

정다운 매미

때때로 범어동에서
죽은 새를 본 적이 있다

눈 내리는 범어 네거리
신호등만 붉다

그랜드 호텔을 향해 달려가던 포르쉐 한 대가
무릎을 꿇고 멈춰 선다

오늘의 사망자 20명 부상자 41명
그랜드 호텔 앞에서 묵념

죽은 새는 숫자로 기록된다
빨간 숫자로 남아 오늘을 기념한다

도로 위를 눈발들이 덮고
머리가 터진 까치 한 마리를 위로하듯

다른 새가 머리를 쪼아 먹고 있다

탑

눈으로는 하늘로 쏘아 올릴 수가 있다

마음으로 노랑 웃음을 허공까지 메어 올리는 것이 달이다

연약한 모란이 그토록 감싸안으려 했던 것도 탑이다

당신은 선인장을 갈아서 꿈에 발라주었다

그 어디에도 내가
있었다는,
이야기는 모르는 나는

무너진 달빛에 질려서 뛰었다

한곳만 날고 있는 가을의 검은 모기처럼

바람개비

야들아 니들은 나의 바람이데이
니들과 함께여서 나는 너무 좋데이

나는 언제나 바람처럼 니들 곁에 있을끼라
어매랑 백 년 함께 하제이

뾰족한 각을 지닌 네 딸들은
수수깡같이 파리한 여인의 몸에
압정을 꽂으며 중심을 잡았다

그럴수록 어머니는
바람을 팔러 멀리 갔다 오곤 했다

구멍 난 주머니에 카드를 넣는 것처럼
시간의 일시불을 놓치며

궁핍의 수

아름다운 퍽퍽함은 궁핍에 있었습니다

탄산처럼 나의 목을 끌고 식도까지 내려가고 싶습니다

금빛 수놓은 은하수의 건반을 딛고
거기까지는 가보고 싶습니다

시간은 참되고, 참 아깝다
너는 최선이고 난 참 아깝다
관형어만 가득한 알맹이가 없는 과육의 퍽퍽함이여

급제동

지하철 노선 위에서 팔랑이는 급제동을 걸고

땀의 눈물은 왜 향기로운가

끼익~ 멈춰야 할 곳에서 밀리며
묻는다

우리의 사랑은 한정판
제한속도는 변한다

끝끝내 멈춘 곳에서는 기어서라도 나와야 한다

하루는 그만 또 물조절을 못해 채색이 번져나간다

마치 빚진 돌반지를 받으려는 듯

   노랑머리를 하고 있으면 상대방의 온도가 느껴지네 아이로 보는 사람 백수로 보는 사람 미용실 직원으로 보는 사람 나는 사람들을 세어보네 후크쏭과 함께 하루를 거닐며 내가 빚이라도 졌나 생각하며 시선과 상관없이 머리는 차갑게 심장은 누구보다 뜨겁게─ 누구나 천지삐까리로 들어봤을 법한 설교를 열정적으로 쏟아내고 귀가하네 씻고 나면 옆집의 소음 소리에 밤늦도록 잠에 들지 못해 예쁜 위선을 가장 예쁜 접시에 담을 수 있는 꿈을 꿀 수 없네 바깥으로 향하는 시선의 칼날을 안으로 들고 서 있는 사람의 말하기 듣기 쓰기 하루가 하루였던 모양새로 짚신 인형에 바늘을 꽂고 음악을 틀고 방방 뛰면서 난도질하고 피범벅이 된 얼굴을 씻고 있는 나를 마주 보게 되네 받은 것도 아닌데 줘야 할 것 같은 시선 그것은 뜨거운 증오를 부르는 피 다만 죽여주게 예쁜 달과 함께 돌아야지 당신과 나는

석양

꽁돈도 배려도 받아본 적 없는 노동자
언제나 쉬운 하향 지원 안정 지원만을 하고 살아왔지만
누군가의 하향 지원이 되기는 싫어
절룩거리며 걷는 석양

창백한 배추와 시푸르등등한 동생이
아직도 그 골목에서 기다린다

돌담벽에 새겨진 풍선껌의 화석
아카시아 향

홍염이 지나 보다

홍염의 다음이 자는 소리
풀잎의 향기를 담은 습한 지하라던가
비숑의 털에 얼굴을 묻을 때 나는
겨울이 오는 소리
그래도 포슬한 새순이 머리 찧는 소리

봉긋한 리듬감에 발 디딜 때
귤껍질의 포스라움을 손에 비빌 때
귤껍질의 포스라움이 귀에 들릴 때
잠자리가 천 개의 눈으로
파르르 손을 흔들 때

나는 듣는다
순한 와사비 알맹이의 모든
초점이 없는 눈망울 같은
내 잔잔한 홍염

실어증

돌돌 말려진 띠옷을 입은 가로수길 옆
부모와 떨어진 아이는 실어증을 앓았다

실어증은 물려받은 집안 내력 같은 것

운전수였던 할아버지의 품에서
버스의 빵빵거리던 경적소리가 좋아
아이는 버스 뒤꽁무니를 쫓아다녔다

이곳은 실어증을 앓기 좋아
살아가는 요령처럼

각자의 나팔을 들고 있는 풍선인형들
경쾌한 고속버스 휴게소

순두부처럼 연약한 딸의 성대를 두고
딸의 아비는 어디에 갔을까

애초에 말을 갖고 있지 않았다는 듯
야윈 발가락으로 아이는 오래 실어증을 앓았다

그 병은 깊어진 슬픔으로 비스듬히 기울어진

희미한 성대의 근육을 떠올릴 때 얼어붙는 밤
가방을 멘 한 떼의 아이들이 지나간다

분홍 솜사탕을 상상하며
몸을 둥글게 말던 아이는

새의 눈빛으로 새로운 말들을 기록하고 있다

그럼에도 묵비권

나는 아무 말 하지 않았으므로 입장이 번복됩니다

당신의 질문에 나는 아무 말 하지 않습니다

당신들의 눈빛은 교차됩니다

내가 빠진 이 시간에 당신들만 공존합니다

내 온몸에 당신들이 간섭합니다

그럴수록 나는 더욱더 완강히 묵비권을 행사합니다

나의 입은 움직이지 않았는데

너무 많은 나를 당신은 기록합니다

저녁해와 입 그리고 그믐밤이 뒤섞입니다

나는 입을 닫고 목소리는 녹습니다

다리에는 아까부터 쥐가 나기 시작했습니다

다리에 쥐도 묵비권을 행사합니다

나는 움직일 수 없을 정도로 통증이 느껴집니다

그럼에도 이번 생은 묵비권입니다

육개장

영하의 서울역

어떤 절벽이 노숙으로 몰았을까
길 위에 인생은 검은 때를 안고 산다
서울 역사 주변은 소주에 취해 잠드는 물음표가 있다

육개장을 끓여 주는 수녀의 흰쌀밥 같은 손
밤사이 언 몸을 녹이는 뜨거움이 노숙을 녹인다

나는 그 광경을 지켜보다가
육개장이라고 허공에 손 글씨를 쓴다
여섯 명이 소복이 모여 있는 모습이 겹쳐지고
닫힌 문을 두드리듯 해바라기를 그린다

해바라기가 그려진 해장국 속으로 눈이 내린다
고사리의 음표들이 운율을 만들어 내고 있다

늦은 밤 줄을 서 바닥에 앉아 허기를 채우는 숨결들
숟가락이 지나간 자리마다 겨울이 녹는다

비둘기도 집으로 돌아간 저녁
노숙자들은 닿을 수 없는 집을 떠올리고 있을까
겨울밤은 구석에서 혼자 끓고 있는 육개장이 있다
육개장을 건네는 쌀밥 같은 손들이 있다

냉기를 토해내며
꾸역꾸역 육개장의 뜨거움을 밀어 넣는다

품종 개량

어머니는 키가 작았으므로 키가 큰 아버지를 만났다
키가 큰 내가 태어났다

다른 품종들을 만날 때마다 먼저
바코드에 찍어 본다

진열된 바코드들을 찍어 보고
나와 코드가 맞는 품종들을 골라 눈빛을 교환한다

우리는 서로에게 이익이 되는 코드가 맞는 품종들이니까
다시 더 우월한 품종을 향해 몸을 벗는다

리듬을 잘 타는 품종이 필요해
숫자에 강한 품종이 필요해

안전요원들은 바코드를 찍어주고 있고 3+1이라고
호기롭게 흥행 수표를 날리려 한다

나는 보장된 흥행 수표 4장의 MBTI를 꽉 잡는다
최고의 조합은 ENTP

안전요원은 무표정한 얼굴로 E, N, T, P를
건네주고는 판매 수치량 올린다

외향형 124345장 판매
직관형 124332장 판매
사고형 124357장 판매
인식형 5개 판매

사람들의 선호를 체크하고 있는 안전요원은
P카드를 주고
수수께끼 같은 얼굴을 건넨다

여기서는 그렇게 희망을 품는 것이 규칙이다

2호선

오선지 위에 피로와 피로가 매달려 있다

근린공원을 지나는 레일 위에 달리는 냄새들
이 모든 냄새들이 덜컹거리며
행선지 위에서 음표를 그린다

오선지 따라 사분의 사박자로 연주되는 슬픔
도돌이표로 다시 봉인된 지도
악보로 새겨지는 묵묵한 음표

사람들의 눈 속에 검고 고요한 바다가 있어
멸치 떼처럼 돌아가고 싶은 바다가 있어

그 겨울 슬픔의 맛을 바람에 날려 보낸다
악보의 선율은 피로에 깃들어
제 몸의 노을 속으로 꽂힌다

늑골 어디쯤 눈사태가 일어나고
감정의 검은 테두리가 부서진다

마음 가득 출렁거리는 바다를 가슴에 안고
쿠키의 부스러기처럼

돌고 돌아 다시 슬픔 속으로
비명 속으로

순환의 2호선이 지나간다

숲이 뱉어 놓은 꽃말

꽃이 그려진 예쁜 접시를 받았다
꽃이 되고 싶었던
꽃으로 피고 싶었던
한 시절이
접시에 새겨져 있다

꽃시절과 불면의 밤이 접시 속에 무늬를 새긴다
접시 속에 꽃이 핀다고 믿은 적이 있다
잃어버린 꽃시절은 그곳에서 숨 쉬고 있다
이 사실만으로 향기로워질 수 있다

향기만으로도 나는 공중에 닿을 수 있다
동쪽은 접시가 구워지는 방향
뜨거운 화로에서 접시를 완성하던
오후 2시

금이 간 접시에 수백 점의 그림을 그려 본 자만이

아름다운 꽃말을 새길 수 있다
화로를 견뎌 본 접시만이 접시로 거듭날 수 있다

차가운 손이 접시를 깬다
손등에 굳은살이 푸른 하늘을 움켜진다
그때 꽃이 그려진 접시는 탄생한다

숲이 뱉어 낸 말들이 꽃으로 돌아오는 저녁
숲이 뱉어 낸 꽃말을 오른쪽 주머니에 넣는 동안
숲의 숨결은 나에게 오늘도 수수께끼를 들려준다

왈츠를 추며 놀다

온도가 모자랄 때마다 나는 춤을 춰요
왈츠는 오늘의 순정
하루의 업무는 얇고 넓은 따뜻한 채찍

나의 목표는 나비가 될 것

장르를 신나는 후크송으로 바꿔 볼까요
철 지난 옷은 버리고
속눈썹 위에 반짝이를 붙이고
웃음을 포개 얹고 맛있는 이야기만 모아 놓고

소금에 절여지던 시간도 춤이었음을
나비가 날아오르는 시간을 찍고, 꿈꾸며

그럼에도 불구하고 가면 속의 눈물 나비
술과 설탕에 절여진 시간을
나비는 알 수 없어요

그 흔들림까지도 나비

빨간 우체통과 새

우체통 위에 흰 눈이 내린다

눈 내리는 소리가 붉다

움직이지 못한 채 제 몸을 열고 닫는 계절을 견딘다

오늘은 눈 오는 저녁에 닿아서

우체통 그 붉은 속살 속으로 걸어 들어가 보는 것인데

곁눈질만 하는 구름이 편지에 바람과 새를 적는다

눈발이 붉어 자꾸만 바람에 날아가는 마음이 붉다

붉은 마음을 주워 종이비행기를 접는다

저만치 날아가다 툭 떨어지는 추락의 생각들

편지를 날아가게 하는 것은

생각보다 많은 바람이 필요하다

접힌 모서리마다 바람을 실어 보낼 때

우체통은 또 붉어진다

봄의 양손잡이

빗방울은 오른쪽에서 왼쪽으로
기울어져 내린다
나의 왼쪽 어깨는 익숙하게도 젖어 있다
산책이 길어질수록

하루 종일 연두비가 내린다

인생은 세잎클로버 속의 네잎클로버를 찾는
미로의 시간

떨어지는 연두색 비를 타고 내려오는 들판

어느 봄비 내리던 날
당신을 위해 한 쪽 어깨가 다 젖은 적이 있었지

당신은 우산이 넓은 것이라고 생각했겠지만
내 왼쪽은 젖었고 나는 구두를 신고 있었지

네잎클로버는 세잎클로버의 뒤에 한 잎을
풀로 붙인 것이라는 것을 알게 될 때쯤
내 기울어진 사랑도 왼쪽으로 흘렀네

손자국 따라 봄꽃이 핀다
빗방울은 오른쪽에서 왼쪽으로 기울어져 내린다

닿을 수 없는 온도
― 붉은 소리

발 밑으로 나무의 주검들

발걸음 가득 나를 감싸는 붉은 소리

가을 산에 오르면 내 발걸음 소리를 내가 듣는다

바스락거리는 가을의 잎사귀를 하나 손에 들면

위태롭던 여름 들판이 도착한다

우리는 서로 오해로 가득한 손자국을 남겼구나

지나가는 바람은 아름다울까

여름 들판을 지나던 시간을 비행기로 접는다

내게 손이 있어 비행기를 날린다

나무에서 나뭇잎 하나 떨어진다

가을 산을 걷는 발걸음이 나뭇잎 뜯는 소리를 듣는다

시멘트의 처세술

시멘트 사이에 핀 봉숭아 꽃은 예뻤다

힘겨운 오르막길이었지만 자신의 목숨을 앗아가더라도

오래 살아남는 법을 아는 아주 똑똑한 꽃

봉숭아 꽃은 봉숭아 꽃이었으므로

내 새끼손톱에 내려앉았다

계단만 계속 보고 올라야 할 때는 목이 너무 아팠다

귓불 붉히며 나는 왜 오르막길밖에 없었나 싶은

저녁이 지나간다

여기는 낭떠러지

비탈길을 올라가듯 휘청거리며 끝까지 올라갔다

생활에 밑줄을 그으며

저만치 봄날의 꽃잎이 환한

내 손톱에 환한 보름달은 언제 도착할까요

질문들

명쾌하고 경쾌한 나는 어디 있을까요

초록색 검색창에 나온 나무위키에 이름을 적어요

검색창의 나무 무늬는 나의 취향이랍니다

키운 적 없는 소나무 향이 코끝에 스며듭니다

간장 계란밥처럼 명쾌한 나는 어디 있을까요

씹을수록 간장 맛과 계란 맛이 나는 안부처럼

봄에는 하늘도 선명한 푸른색

오늘의 행운을 주는 색은 흰색

나의 세계는 흰색이 모자랍니까

오늘 내가 가진 물건에 흰색이 하나도 없어

괜히 하얀색 백지를 가방에 몇 장 집어넣어 봅니다

오늘의 점괘는 얼굴 표정을 밝고 명랑하게 할 것

흰색이 급해 몇 장 집어넣은 가방 안에

초록 나무와 꽃과 별을 수놓을 때까지

흰색이 행운의 색이라는 것은 여간 든든한 일이 아닙니다

그런데 진정한 나는 누구입니까

묵념에 대한 예의

흉터로 가득한 심장을 두 손에 들고 있다

그 속에 어떠한 영혼의 의미를 알려고 하지 말 것
성급하게 의미를 속단하지 말 것
우리는 이미 그저 흘러간 것을 흘려보낼 것

완벽한 죽음은 묵념으로 연기되고 있다

묵묵히 있는 것이 오직 진실
묵념이라는 생의 비밀 자체의 소리가 다리를 건너고

고요를 바꾸거나 되돌릴 수는 없는 법칙

옮겨 적을 수 없는 비애를
한 슬픔이 다른 슬픔의 이마에 손을 얹듯이

해질녘 붉은,

쏟아지는 동백
밀어낼수록 가까워지는 슬픔
분홍의 목덜미
신발 끈이 풀린 여름날

그저 이 모든 행위는 묵념 속에 있다

발목이 없는 잉어가 내게 말을 거네

잉어가 노는 연못을 메웠다는 이야기를 들었다
잉어의 심장이 멈췄다는 이야기를 들었다
연못으로 가는 골목마다 벼랑이다

해빙을 기다리는 연못 속 잉어는 봄을 잃고
나는 봄을 기다리던 사랑을 앓게 된 것 같다

겨울, 도마 위 굴려떨어진 잉어의 눈이 발목을 잡는다
도마 위의 칼날이 잉어의 발목을 긋는다
연못은 메워졌고 연못으로 겨울이 내린다

잉어를 지켜주고 싶었는데
나는 약속이 묻어 있는 마당 위에 있다

차가운 얼음 위에 따뜻한 흙의 온도
흙은 다정한 소용돌이의 매듭

수북이 쌓여가는 잉어의 눈알이
가득히 발목에 박히는 날
나는 발목이 없는 잉어가 된다

눈물이 쌓인 얼음을 녹이고
삶이 죽음을 얼리고

흙 안에 등불을 켠다
손 안의 잉어를 조용히 주머니에 넣는다

오늘의 카스테라

오늘의 카스테라는 맑고 푸른 날의 맛

천천히 오래 두고 먹고 싶은 맛

혼잣말처럼, 하늘을 올려다보면

맑고 푸른 하늘이 높고도 깊어

파란 연못 속으로 걸어간 끝나지 않은 서사가 아프다

돌아가는 발걸음은 무슨 맛이었을까

목이 메어오는 봄, 나는 카스테라를 먹는다

오늘의 카스테라는 맑고 푸른 날의 맛

어떤 기억은 봄에서 여름으로 가을에서 겨울로 이어진다

월정리 어디쯤, 손에 쥔 카스테라

바다에 혼잣말을 던진다

혼잣말들로 가득한 맑고 푸른 바다가 글썽거린다

詩

매미 우는 소리로 가득한 세상이다

한 폭의 폭염 쏟아진 산수화 속에

온몸으로 매미가 울고 있다

허공에 악을 쓰듯
살아 있다
붉은 벽돌로 고백을 짓는 것처럼
한 세계를 집어삼킬 듯
울다 죽으려는 듯
심장처럼 뜨겁게

이렇게 울다가 죽는 숙명이라는 듯이
정다운 매미

한여름을 뜨겁게 보고 있다

2부

매일 책상의 다리를 붙잡고 잠이 들었다

발목

내 중심을 지탱하는 발목

그 해 봄은 중심이 흔들렸다
죽음도 삶의 일부라는 말이
아무리 휘저어도
믿을 수 없어

발목을 자르고 싶던 나날

저녁의 어깨

고단한 어깨 위에 라일락 몇 잎 쏟아져 있다
아침부터 저녁까지
모래성을 만들고 부수었을 적막의 바다
그 바다를 껴안아 준다

당신의 어깨에 라일락 향기 스민다
자라지 못한 날개가 만져진다

내가 어깨를 가진 이래 기대고 싶었던
당신의 어깨에 내가 꿈꾸는 푸른 바다를 그렸다
바람을 해풍에 실어 보냈다

나는 드넓은 바다보다 당신의 어깨를 사랑해

동그란 어깨에 스웨터의 꽈배기를 그려 놓는 방법
해풍의 한순간을 길게 수평선에 펼쳐 놓는다
우리의 미래로 비가 내린다 라일락이 핀다

어려운 공존

폭설로 뒤덮여 도로가 끊긴 강원도에 간 날이 있었다

추위에 말라죽은 여름 나무처럼

그들은 길게 어둠을 드리웠다

세계가 멈춘다는 것은 무슨 말인가

여름에 말라비틀어진 나무라고 추측되는 나무

40 걸음을 돌아

다시 말라죽은 나무를 보러 강원도에 왔다

이제는 세상에 없는 나무

이제 말라 죽은 나무에 대한 기억만 있다

죽은 여름 나무는 이제부터 친구다

경계와 의심을 버리는 방법으로

오른쪽 눈으로 첫눈이 내렸다

오른쪽 눈에 눈이 가득해서 결국 눈에 눈물이 맺혔어요
다래끼의 방식으로 눈물을 모았던 행성에서의 일이에요
어제의 당신과의 기억을 물고기 모양으로 새기고 싶지만
그 모서리들이 너무 아파 새와 구름으로 흘려보냈어요

첫눈이 내리고 카페에서 당신을 만나 차를 마셔요
누군가 우리의 모습을 본다면 연인이라 하겠지만
우리는 더 이상 서로의 첫눈이 아니에요

음악이 흐르고 신호등이 바뀌고
우리는 카페 문을 나서야 해요
신호등을 지나 싱크홀

당신을 삭제합니다

눈물로 만든 양송이 수프를 가득 끓여 놓고
우리의 이야기가 시작된 첫 페이지부터

다시금 소리 내어 읽습니다
당신을 삭제합니다
우리는 서로의 첫눈이었습니다.

물고기를 그리고
눈 내리는 연못을 그리고
우리는
각자 헤엄칩니다

소꿉놀이

토란대를 꺾으면
파랗게 물들이던 말들이 온다

모래밥을 짓고 돌밥상 위에 앉아서
희뽀얀 구름, 솜사탕이 불이 되어 우리를 덮을 때

새파란 이파리 하나 돌로 찧어
봉숭아와 같이 섞어 손톱 위에 얹을 때

단짝 친구와 나는
미래처럼 오게 될 뭉게구름을 상상했지

확신에 찬 웃음을 깔깔거리며
우리는 흰 말을 상상했어

양털 구름을 끝까지 밀고 나가
멋진 미래가 가까이 온다

눈을 감고 제비뽑기 놀이를 한다
다른 시간에서 뜨는 태양을 느끼며

안 먹어도 배부르던 모래밥과 꽃잎 밥상
하늘을 파랗게 물들이는 흰 말

손톱에 퍼지는 봉숭아 잎과 함께
설레는 미래가 불어온다

흙

모퉁이 의자에 앉아 친구의 부음을 듣는다
꿈결인 듯 남풍을 품는다

부드러운 하늘과 나무가 내게 아득함을 알려준다
'매화'라고 중얼거린다

날 수 없는 꽃 날개를 품은 것이 매화

긴 속눈썹처럼 봄이 오는 오솔길에서
흙담을 만들고 부수었을 저 나무

어둠을 밀어 올려 해독되지 않는 시간을
열었을까 풀었을까

모서리가 있는 저녁의 옆구리

마침내 터져 나온 나의 출혈

매화의 환청으로 봄이 환하다

흙은 미로의 벽을 가볍게 문질러
푸른 손가락을 올린다

생일 케이크

꿈에서는 매일 전화벨이 울린다

꿈을 깨면 전화벨이 울리지 않는다

오늘은 그녀의 생일

오늘은 죽은 그녀의 생일

빵집 문을 열고 들어가 케이크를 산다

나의 나이만큼 촛불을 받고

집으로 돌아와 촛불을 켠다

내가 할 수 있는 것이 없었다

나는 고장이 난 인형처럼 촛불을 켠다

미래도 없이 바람을 불어 촛불을 끈다

책상을 찾아가는 밤

동쪽과 서쪽 사이에 서식한다
위태로운 자세로

달이 기우는 방향과 이유를 나는 모른다
발이 빠지는 이유를 나는 모른다
네 개의 다리가 무너지는 밤

부엌을 지나야 책상이 있는 방에 도착할 수 있다
도마 위의 두부처럼 목이 잘려나갈 때
창밖은 눈이 내리고 있다

꺾어진 책상의 꿈에 대하여
다리는 왜 무너지고
다리가 울고 있으면 어떻게
해야 하는지도 모르겠다

나는 그저 고개를 끄덕이고

오래된 필름 같은 눈 속으로 들어간다
책상은 찾지 못하고
매일 책상의 다리를 붙잡고 잠이 들었다

책상을 찾아가는 밤마다
눈보라가 치고 눈이 내린다

7과 1/2의 경쾌한 발걸음
— 모든 심장은 발목이었다

7과 8의 사이에는 나의 안간힘이 있다
통통한 발목의 끝은 붉은 노을로 물들었다
하이힐에서 쏘아 올린 오늘의 조각들은
굳은살로 박혔다

통통한 발목은
유려한 발레리나의 걸음걸이를 닮고 싶었지만
발목은 넘어졌고 구경꾼은 몰려들었다

구경꾼들은 팔분의 육의 박자에 맞춰 떠들어댔고
소음의 시작점과 끝에는 현기증이 있다 그들도 그저
7과 8사이의 평범한 구두를 신고 공연하는 발레리나를
보러 왔다는 무성한 소문만이 가득했다 세상에
존재하지 않는 7 1/2의 구두를 기다리면서 말이다

통통한 발목의 굳은살이 핑크빛 솜사탕이 되어
얼굴은 붉어진다

발목의 오후가 전염병처럼 굳어간다

전염병에 걸린 소문의 비가 내린다
통통한 발목은 경쾌하게 칼날의 빗속에서
스타카토로 또각또각 걸어간다
구경꾼들은 오도독 뭔가를 잘 먹는 통통한 발목에게
입을 댔지만 나는 보았다 그의 정언명령을!
나는 통통한 발목이다 소문의 소용돌이에 휩쓸리며
살아갈 것이라고 생각하지도 말아라 아무리 삶이 틀렸다
하더라도 오늘의 발걸음을 옮기며 당신의 전염병 따위는
나의 면역력 앞에서 굴복한다

통통한 발목은 명랑한 스타카토

심장에서 발목이 간혹 통통 튄다고
누군가 가져와 무심히 흘렸다고 생각하지 말아라
붉은 노을의 안간힘을 기억한다면

팔분의 육박자의 서랍장

사랑니 옆에 치통이 숨어 있다
치통의 방식으로 사랑은 온다

서랍의 여닫이문을 열고 음표가 들어왔다
한 사람만 허락할 수 있는 오선지
서랍 속의 오선지 속에는 팔분의 육 박자

두 속눈썹이 파르르 떨리던 밤이 있었고
비가 오던 날 노란 우산을 갖다주던 정성이 있었고
봄비처럼 선명한 어깨를 포개던 시간이 있어서

서랍은 오래 닫혀 있다
날마다 자라는 어둠처럼 더 어두워지는 것일까
깊은 어둠의 서랍 속 음표를 그려 넣으려 할 때마다
무엇부터 새겨야 할지 망설인다.

팔분의 육박자가 뭉쳐지고 풀어지고

미지근해지고 뜨거워지고 번지고
휘어지고 살찌고 야위어진다

우리는 오선지 위에 앉아 있다
어디가 시작점이고 어디가 끝인지 모르겠다
음률 속에는 왜
늘 검정과 감정이 섞여 있는 것일까

저 어둑한 검정 음표와 흰색 오선지 사이를
위태롭게 나는 뛰어넘으면서
신경증이 계속되고 있다

안녕, 오랜 서랍에게 안부를 묻고 싶다
내재율을 간직한 나의 안부를

우리는 여전히 에스컬레이터 위

에스컬레이터가 잠시 위급하게 섰다
에스컬레이터는 유난히도 긴 이대역

불안한 눈과 돌려보는 목이
캐리어를 잡고 있던 손들이 스위치를 켜듯이

내 심장이 쿵쾅 거렸을까
불규칙한 화음을 너에게 들킬까
두려운 에스컬레이터 위
두 볼이 붉다

에스컬레이터가 이렇게 멈춘 것도 처음이네

우연히 만나 신촌 맥도날드에 가서
수다를 떨면서 모든 처음과 처음이 있었지
무엇이 또 처음이었는지조차 기억나지 않는
처음들로만 구성되어 있는 첫세트의 만남

달라진 것도 없어 가만히 헤아려 보면
그게 그거였던 시간들

멋지게 손을 흔들며 인사하고 싶었지
뜻대로 되지 않는 것은
돌림노래처럼 흐른다

에스컬레이터가 다시 움직인다
가파르지만
내가 원하는 곳으로 가게 하는 길

우리는 각자의 이호선을 타고
가까스로
멈추었던 에스컬레이터가 출발하듯이

삼겹살을 구워 먹는 저녁

모자를 눌러쓰고

삼겹살을 구워 먹는 저녁

사랑이 가득한 밤이 시작되었다

나는 한 입 가득 사랑을 씹는다

내가 씹고 있는 것은 너에 대한 사랑

너의 온기와 습도 네가 살아온 시간들

내 습도 높은 식도를 파고들면서

너는 나의 일부가 된다

불완전한 마음

휘발되는 얼굴

부조리한 연극

나는 한 입 가득 삼겹살을 씹는다

가장 지독하게 꼭꼭 씹는다

벽에 속삭임을 걸어요

카페모카를 마시면 가슴으로 밤하늘이 들어와요
어둠을 마시듯 주위가 적막해져요
당신이 잡았던 손잡이에 귀를 대봅니다
온기가 사라진 당신이 손안에서 들려요

말발굽 소리가 멀어진 서쪽을 향해 카페모카를 마셔요
나는 보이지 않는 당신을 듣고 있어요
벽이라는 단어를 배우고
면역력이 생기지 않은 밤을 걸어요

표백된 투명함으로 벽에 속삭임을 걸어두고
붉어서 눈물 나는 밤이에요

당신이 내 볼에 닿은 듯 눈물이 뜨거워요
그리고 나의 볼은 차가워요

벽이 열려요

찬바람이 속삭여요
찬바람의 속삭임을 듣는 밤이 없었다면
당신이라는 면역력이 생기지 않았을 거예요

나는 오늘
당신이라는 모스부호에 대해서 벽과 속삭입니다
우리의 속삭임은 밤에 묻어 두기로 해요
우리의 속삭임은 벽에 걸어 두기로 해요

당신과 나는 벽을 사이에 두고 편안해집니다

불편한 잠

스타카토 발걸음을 가졌을 뿐인 그녀

돼지우리 안에 돼지가 있어
돼지는 진흙에 몸을 부빈다

오늘의 문제는 무겁고 의심이 간다

돼지는 아주 작은 돼지우리 안에 갇혀 있어
돼지는 너무 많은 돼지에게 모유를 수유하고 있어
자신이 누운 돼지우리 크기에 딱 알맞은 공간에서
사랑하고 배고프고

그녀의 별명은 다른 사람의 입속에서 입속으로 흐르지

돼지의 몸은 괴성과 함께 어디론가 실려 간다
사람들이 웅성거리고 값이 매겨진다

돼지의 등에는 A급 한돈이라고 적혀있고
눈물이 토막토막 잘린 발위로 떨어진다
돼지 꼬리 부분은 인기가 좋은 부위
숫자 사이로 파란 잉크꽃이 피어난다

나는 유리병에 갇혀 있는 바코드

누구나 쳐다볼 수 있고 살 수 있고 씹을 수 있는 츄잉-껌
상큼한 시그널 송이라도 불러야 할 것 같은
신나는 피맺힌 댄스곡
함께 즐겨요 롯데 껌

자, 여기를 봐줘요
저는 오늘도 누군가에게 팔고 또 팔리려고
이 거리에 나와 있답니다
오늘도 내 바벨의 욕망의 탑은 하나씩 올라가고

으뜸 조건들을 만들어 가고 있는 나는
무한 생성기를 돌리고 싶어
스스로 전력 충전기가 되고
정보의 비대칭 속에 오늘도 유리병 속에 서 있다

높은 하이힐 뒤꿈치에서 양의 피가 흐른다
코랄색 립스틱을 바르고 360도로 웃는 인형

나는 세계의 자유와 행복을 위해서 태어난 욕망의 소녀

초록색 검색창에 그녀의 이름을 치시오

재단되는 나

오른쪽 뺨을 쓸면 시침핀이 우두둑 쏟아졌다

나는 매일 마네킹처럼 서 있다

재단사의 손이 내 몸을 스칠 때마다 나는 고정된다

재단사의 눈길을 피해 체중이 늘었고
재단사의 눈길이 머무른 자리에서
나는 붉은 꽃이 된다

재단된 마네킹이 되기 위해
아침마다 속을 게워 내는 손가락으로 헤집는다, 내 심장

손님이 들어오는 종소리가 울릴 때

상처 난 몸 위로 화려한 옷이 입혀진다
슬픔을 감춘다

진열대 위 숫자의 꼭짓점에서
빛나는 오늘의 나

수영장의 세계

25미터의 레일
인형이 되고 싶어 수영장에 가요
수영장에는 출발점과 도착점이 있고
몸매가 예쁜 인형들이 있어요

물보라를 뚫고 도착점을 향해 달려가는 인형들

물속에서는 붕 뜨는 기분이 좋아요
가끔은 물속에서 숨을 놓는 생각을 해요
아침잠이 덜 깬 인형들의 눈이 멍하게 앞을 바라봐요
무엇을 찾으러 가는 지도 모른 채 출발선과 도착점으로
가장 단순해진 두 점 사이를 헤쳐 나가요

두 점 사이를 퉁 치고 기대선 채로
물이 스무 번 바뀌었는데
내 무릎은 빙긋이 웃지를 못해요

파도가 없는데 파도치는 그녀들의 웃음소리
지금 어느 끝없이 높은 다이빙 대 위에 구르고 있을까요
바깥은 차가운 눈보라가 휘몰아치고
눈보라 새에 톱날 같은 시선이 쏘아 박혀요

바비인형들이 다이빙대 위에 진열되어 있어요
내 인형은 길을 잃어
응시하는 다이빙대를 쳐다보아요

위로가 없는 수영장 안에서
나는 재단된 바비인형
여전히 다이빙대는 높고
새로운 다이빙대는 계속 생기고

화양연화

나의 그녀는 핸드폰 속에 산다
그녀는 항상 즐거운 표정으로

짧은 치마를 입고
춤을 추고 노래를 부른다

떡볶이를 좋아했던 그녀는
탄수화물을 먹지 못하는 핸드폰에 갇혔다

세상에서
가장 얇은 다리로 춤을 추는 그녀

갸름한 얼굴 날렵한 턱선
끊임없이 커지는 눈
높아지는 콧대

핸드폰 속 사람은 동물상이 되어가고

그녀는 핸드폰에 갇혀서 행복한 노래를 부른다

열흘 붉은 꽃은 없다고 외쳐보지만
목소리는 화면에 튕겨 나가고

이상하고 아름다운 나라에서는
귀가 없다

한밤의 동물원

횡단보도들이 마치 음계를 그리듯
휘어져 있는
한밤의 도시

수많은 잎들이 뒹구는 가을을 오래 바라보았다
그 찰나에 모두는 그곳에 살아 숨 쉬고 지나갈 것

버스를 기다리고 지하철을 타고
불안하게 손목시계를 보고
시든 꽃의 가격을 흥정하고
길을 걸으면서 토익 단어를 외우고
내내 바스락거린다

하얗고 둥근 불안들
나무마다 사슬을 두르고
내딛는 곳마다 얼굴이 지워지는 것도 모른 채
물방울이 되어 지워지는 사람

3부

풀잎 향 가득 담은 강아지풀이 왔다

발목을 잡는 강아지 풀

봄의 약속처럼
풀잎 향 가득 담은 강아지풀이 왔다

봄은 우리의 숙제처럼
사랑을 톡톡 건드려야 하고

내 심장의 사랑이 미완이듯
내 손바닥 위에서도 멈추지 않는 강아지풀

내가 지나쳐야 할 고독의 웅덩이에서
봄이 강아지풀의 손을 잡는다

오른발과 왼발은 오직 발걸음만 파내며
묵묵히 발걸음을 내딛을 뿐입니다, 봄은

완성되지 못한 봄처럼

연둣빛 안에 우리의 약속은

어느 날의 전설

강아지풀을

여름 바다

둥근 조약돌 하나를 쥐고 해변을 걷는다

파도에 밀려온 조개껍질에 대한 추억은
한여름의 기억으로만 남았다

바다 풍경 안에서는 누구나 주인공이 된다

조약돌이 밀려오고 밀려가고
당신의 손에서 잠시라도 반짝였다면

소라게가 떠난 소라를 들고 울적한 기분으로
슬픈 바다의 이야기를 듣는다

절벽 같은 마음을 가진
영원히 끝나지 않는 것은 바다 그리고 여름

여름 바다에는

날마다 새가 쌓인다

하나의 의문문으로 나는 바다를 걷는다

신호음만 가는 세계

광안리 모래밭을 맨발로 달리는 기분
화상을 입을 듯이

죽은 새를 본다
살아 숨 쉬던 여름날을 꿈꾸듯이

여름은 좀 더워서 갑갑하다
심장이 터질 것 같이

냉미역국을 한 사발 마시고 싶은 기분
계단을 올라가도 만날 수 없는 벗

한여름 밤에
촛불 하나를 더 꽂고 불을 껐다

때때는 흰머리가 늘었을까
때때는 주름살이 늘었을까

한밤중에 전화를 건다
신호음만 어딘가를 향해

어디까지 믿어야 할까, 우리 세계를

당신은 안녕하신지요
― 새벽에게 안부를 묻다

긴 겨울
겨울에게 안녕을 묻습니다
크리스마스 캐롤을 목에 두른 채
잠이 오지 않는 겨울을 서성입니다

오늘을 노을로 흘려보내듯이
꾹꾹 눌러쓴 편지의 안부 속 안녕처럼
오래된 연인을 오랜만에 만났을 때 건네던 인사처럼
가만히 누워 안녕을 묻습니다

늦은 밤
혼자 밥 먹는 눈빛에게
안녕하니?
그렇게 내 서랍 속 안녕은 눈꺼풀처럼 처져만 갑니다

당신에게도 다정한 예보를 전합니다
바퀴가 고장 난 자전거처럼

시간을 거슬러 올라가는 연어처럼
거의 다다른 안녕처럼

새벽 두 시를 재즈로 채웁니다
당신은 안녕하신지요

이제 구름빵을 녹여야 겠어요

눈길 위에는 이정표 하나 없어요
흰 눈으로 가득한 세상은 천 길 낭떠러지이거든요
낮잠에 빠지지 않기로 해요
눈이 내리다 그쳤지만
우리는 우리가 안 보여요

눈사람은 누가 만들었을까요
눈사람과 구름빵은, 솜사탕은 다 사라져요
사라지는 것들에는 물기가 있어요
내가 물기에 집중하는 것은
구름을 먹었던 저녁 때문이에요

지금부터 내 구름빵 이야기 들려줄게요
오후를 통과하던 먹구름 같은

구름빵을 들고 횡단보도를 건널 때
구름빵을 들고 버스를 탈 때

구름빵을 들고 빼곡히 적은 숫자를 헤아려요
한 발 앞은 절벽이에요

구름빵은 자음과 모음을 타이핑하는 손처럼
한 계단 한 계단을 꾹꾹 밟고 가는 발처럼 늘 애써요
지금 나는 여전히 열리지 않는 문 앞에 있어요
구름빵은 의문부호처럼 세계를 수수께끼로 만들어요

자정은 나를 다시 구름빵 앞에 데려다 놓아요
구름빵 때문에 나는 불면의 밤을 보내요
구름빵을 이제 녹여야겠어요

타원형의 온도

두 손으로 삶은 계란을 만진다
타원형의 시간 속 우리에게 필요한
말들이 돌아오는 식탁 위에서

뜨겁게 삶아졌을 계란을 오른쪽 방향으로
볼에 문지른다

뜨거운 물속에서 끓었던 오후가
살며시 식어간다

지금 여기, 그리움의 온도
그렇게 흘려보낸 시간들이 튀어나오려고 해
수수께끼로 가득한 계란을 쥐고서
어제 꾼 악몽을 떠올린다

두 손으로 가득 시끄러운 말들을 만진다
각진 시간 속에 칼날들이 빼곡하다

눈처럼 발이 빠지는 밤의 한 가운데
수수께끼 같은 계란과 밤을 감수 분열한다

나는 여전히 식탁 의자에 앉아 있다

범어동 씨앗들

폭설이 내려 배양이 멈출까 봐 걱정되던 날

블랙체리 향에 찌들린 택시 한 대가 달린다

만촌 네거리는 논리정연하고

고속질주하는 똑똑한 차들

길을 잃었을 때 길이 시작된다는 범어동 네거리

폭설을 뚫고 폭풍 속으로 걸어가는 씨앗들

나침반은 언제나 한 쪽으로만 가리키고

교훈적으로 미래를 외치는 단풍잎

폭설이라는데 사람들과 차는 여전히 고속질주

우리는 빛의 속도로 미래를 찾아간다

범어동 10시의 나무들

낮은 어디에 있지
문을 열면 밤의 숨소리
밤을 나눠 갖고 집으로 돌아가는 우리는
다른 시간에서 불어오는 바람을 상상하면서
속도를 높인다

차창 안은 열대우림 교향곡
차창 밖은 환하지만 눈을 감는다
도돌이표로 돌아오는 시간이 어깨뼈를 짓누르고
꿈을 나뭇잎에 그려 놓고 싶은 밤이 스친다

익숙한 렘수면으로
나무들을 바라보는 시선의 끝에
소년과 소녀의 잠을 걸어 둔다

가지마다 달린 환한 시련들
가지가지마다 색색 꽃으로 피는 야생은 괴롭고

꿈이 그리는 것은 게임을 멈추지 않는 일

빌딩과 빌딩 사이에 선을 그린다

줄타기를 하듯 아슬아슬하게 이어지는 붉은 선
하나가 비상하는 폭발음으로
절규가 전등처럼 따뜻한, 밤의 귀갓길

꿈을 그리기 위해 이 게임은 멈추지 않는다

씨앗, 움트게 하는 눈사람

범어 네거리를 지나간다
찬란한 거리에서 물결같이 바람같이 끊임없는
시험과 시간과 시간이 네 거리를 돌아간다
축축하던 고양이들은 어디로 갔을까
멀리서 보이는 용지봉의 골짜기에 눈이 내리고

흘러간 목소리처럼 문밖으로 나간 아이들의 얼굴이
맑은 햇살처럼 흩어진다
눈을 굴려서 눈사람을 만든다
흰 눈의 시간에 빨간 목도리를 둘러준다

아름다운 시간을 그리던 범어 네거리
눈사람은 찬란하게 빛을 내뿜는 씨앗을 안고 있다.

날개가 돋아나는 방

검은 건반을 누른다 어둠이 밀려 나온다
검은 건반이 지워진 자리에 흰건반이 쓰러져 있다

어둠에 길들여진 눈처럼 여전히 흰건반 위의 검은 손

욕실에 앉아 구름 때를 문지른다
손톱 밑 가시가 건반을 누를 때마다
뜨거웠던 오후의 칼날이 나를 찌른다

구름 때는 빨간 생활
아찔한 소용돌이
오늘의 연주는 내일의 노래

목이 매여 오지만
날아오를 내일의 날개를 위해
검은 건반 다음 빈 건반으로 옮겨 간다

알람처럼, 휘파람을 불어요

미끄럼틀 위에서 휘파람을 불어요
쓸쓸함 숨결을 내뱉으며 흥얼거리고 싶은

나를 흔드는 소리

햇살 눈부시다 내려앉은 날
가만히 기대어 올라간 미끄럼틀
파아란 휘파람 위에서 잔뜩 뒹굴고 싶어요

심장이 토하는 춤을 하나씩 모아봤어요
발끝이 들릴 때마다 꿈을 토해내는 호흡
메아리처럼 햇살 맨발에 닿길 기다려요

가만히 꺾여진 목으로
눈부신 햇살 내려앉는 날
나를 흔드는 소리

사랑을 꿈꾸는 자세로
미끄럼틀을 내려와요
흉터 진 마음을 어루만지듯이

슈크림과 사슴

장마가 시작되면
슈크림 빵을 사서
집으로 돌아가는 사람들이 늘어난다

슈크림을 입에 넣고 침묵
우리는
달콤함이 필요한 사람들

슈크림을 먹고 아메리카노를 한 모금 마시면
눈 내리는 숲에서 사슴이 내려온다
사슴은 모스부호 같은 표정으로 나를 본다

접혀 있던 저녁의 페이지들이 살아나 슈크림을 먹는다
고백하자면 나는 슈크림 빵보다
슈크림 빵을 먹던 눈 내리는 날이 그립다

눈이 내리고 흰 눈 속에 사슴이 뛰고 있다

사슴 발자국 옆으로 난 사슴 발자국
흰 눈의 페이지로 함박눈이 내리고 있다
함께 눈을 굴리는 사이,
눈이 부풀어 오르는 방향을
나란히 서서 바라본다

눈 내리는 숲과
사슴이 사라진
지금
창밖에는 장맛비가 내린다

소녀와 피아노

문고 앞의 피아노가 사라졌다.
베토벤의 열정 소나타를 치던 소녀도 사라졌다.
하지만 이것을 기억하고 있는 길거리와 가로등은
여전히 남아 있다

열정 소나타를 책꽂이에 꽂는 소녀
문고 앞에는 소년의 열정이 있었고 소녀가 사라졌어

지나가는 사람들의 박수 소리에
춤추던 열 개의 손가락들
소녀의 손가락에 반딧불이 켜지고

거리는 소녀의 열정 소나타를 기억하고
온몸이 건반이 되면
솟아오르는 음악
소녀는 콩나물로 앉아서 노래하고
소년은 책꽂이에 그 음악을 꽂아 담았어

ㄱ부터 ㅎ까지
색인목록에 음악을 올려놓고 싶어
첫 장부터 끝장까지 넘기면
소년의 연주가 시작되고 끝이 나겠지

소용돌이치는 춤사위도
터질 듯한 여름 태양도 사라진 거리에서

크리스마스 환상곡

명동의 거리에는 캐롤이 흘러나오고
친구와 웃으며 명동성당을 한 바퀴 돌았다
북극처럼 닿지 못한 이름들을
하나씩 떠올리며
둥글고 둥글게 크리스마스

겨울의 한 가운데에서
붉은 심장을 단 푸른 용, 타로 카드를 뽑는다
쌓이다가 만 눈꽃처럼
알 수 없는 미래를 읽어 내려가는 손

눈 속에 빛이 가득해서

지나간 시간들이 부서지고 녹아내리는 겨울의 형식
수많은 바퀴를 굴리며 둥글게 둥글게 크리스마스
나는 몽유병을 앓는 것처럼 어지러워
각자의 발길마다 푸른 뱀의 날개들이 돋고

날개의 비늘이 비상하는
복수형의 투명한 눈동자

열한 시의 유실물 보관소
— 빨간 지갑

"나를 찾아가 주세요."

빨간 지갑은 주인을 잃어버렸다
예전의 새빨간 색은 퇴색해
독기가 없어 편해 보인다고들 하지만
날카로운 지퍼가 녹이 슬고
어쩐지 둔탁해져 버린 모습이 쓸쓸하다

지갑은 유실물 센터에 정지해 있다

추억과 주소를 품고 주인을 기다리는 지갑
시간의 무게를 안고 갈라진 기다림
기다림이 기다림을 반복하는 발걸음

더 이상 빨간 지갑이라고 할 수 없는 색으로
온갖 기억을 품고 있다

갈라진 지갑의 틈 사이로
첫사랑의 두근거림
빛바랜 빨간 마음이 삐져 나오고
지갑 속 낯익은 사진 속 얼굴들
1986년 8월 6일 첫 딸의 출생
돌 사진 조각들

추운 밤이 찾아오고
내리막길의 벼랑을 피하지 못했을
열한 시의 유실물 보관소

비 내리는 수요일

수요일의 새가 추락하는 중

6층에서 5, 4, 3, 2, 1, B1, B2, B3
내 층을 기다리는 중에
우산도 없이 비를 맞아요

무너지는 세계로 엘리베이터가 도착합니다
맞지 않는 운동화를 신고 무엇을 기다리는지

운동화는 까만 얼굴을 하고 있어요
아름다운 시간을 열망한 얼굴은 어디로 갔을까
끈이 풀어져 잠시 매듭지을 시간이 필요해요

우산 속에서 비를 맞아요
한 쪽 귀가 들리지 않아
답답했던 수요일 오후

무너지는 세계는
오늘도 균열을 어김없이 짊어지고
위태롭게 올라갑니다
B3, B2, B1, 1층

수요일에
새는 비처럼 쏟아져요

길을 여는 엑스레이

정밀 진단이 필요한 날
날선 숫자들의 대결이 지나간 오후

나는 여전히 관 속 같은 어둠에 누워 있다
눈빛은 살벌했고 다정하게 침묵했다

너는 무슨 잎이 돋았니?
창백해진 얼굴 위로 광선이 지나간다

낙엽 위에 흰 눈이 쏟아진다

동맥 속을 흐르는 눈꽃들이 말을 건다
알아들을 수 없는 언어로

누군가 낙엽 위를 바스락거리며 걷는다
낙엽이 온몸과 정신을 다해 내 발끝에서 으스러진다

나는 늪으로 발을 옮기며 다정하게 침묵했다

날 선 숫자들은 벼랑이다
시원한 아이스 아메리카노와 함께 넘어가는 숫자

관 속 같은 타이핑의 연속인 숫자들의 진열장
해골 위를 엑스레이가 지나간다

하루살이

하늘에 칼금을 그은 것처럼
가슴 근처로 비구름이 몰려든다

가을 잎처럼 바다로 쏟아지는 나를 붙잡고
미끄러지는 하향 곡선을 붙잡고

안간힘을 쓰고 매달려 있던 오후 4시

슬픔을 삼킨 나무는 잎으로 쏟아지고
손에 쉽게 잡히지는 않는 잎

두 뺨을 칼로 자르듯 떨어지는 잎
아무것도 잡을 수가 없는 두 손

오후 4시가 지나, 5시가 다가온다
먹먹한 슬픔의 6시를 맞을 준비로 분주하다

각자의 하향곡선이 도로 위를 질주한다
나는 뭉쳐지지 않는 오늘의 슬픔!

메마른 땅에 슬픔이란
비가 적셔 있는 오후 6시

가장 가깝고도 먼
각자의 동굴로 돌아가는

그림자조차 붉은
목마른 말은 세상에서 가장 멀다

천 원짜리

중앙로 역 구제 거리를 지나간다
누군가의 헐벗은 몸이 걸려 있는 것 같다
퀘퀘한 방향제 냄새가 가득한 빛바랜 육체를 담고
팔꿈치에 때가 낀 시간이 빽빽하게 걸려 있다

모서리가 닳은 가방들 사이로
나는 오래된 시간을 뒤적인다
나의 퀘퀘함은 언제나 구제 옷처럼 걸려 있다
요새는 어묵꼬치도 천오백 원이라는데
저기 걸려있는 옷은 천 원이란다

천 원짜리 인생
영영 모를 것 같은 삶을 무겁게 짊어지고
가볍게 매겨진 삶
발걸음이 계속 검은 소리를 내며 천 원을 걷는다

첫차로 출근하고 막차로 퇴근해

나는 어느 날 어디에 걸려 있게 될까
후회스러운 날들이 흘러간 거리에
쉬지 않고 흔들리던 내가
한 줄의 시로 걸려 있다

반송된 초대장

없는 주소지로 당신에게 초대장을 보낸다
초대장 속에 폭풍우가 치고 있다

38개의 초를 꽂고 생일 축하 노래를 불러야 하는데
내 앞에 당신은 없다

당신에게 생일 축하 노래를 받아야 하는데
당신과 나는 돌이킬 수 없는 달력에 갇혔다

바람이 당신의 안부를 묻는데
귀밑으로 비가 내렸다 그리고 폭풍이 몰아쳤다

눅눅한 창가에 초대장이 머문다
침묵의 밤 너머에 침묵이 흐른다

시간은 멈추고 침묵은 달아나고 내 어깨는 들썩이는데
초대장은 엉거주춤 기다리기만 한다

여름의 달력은 기억하고
나와 당신은 축하 노래를 기억한다

케이크는 기억하고
촛불은 녹아간다

나는 초대장에게
폭풍 같은 당신의 이야기를
시작한다

단단한 식욕

나의 입을 스테이플러로 찍어버렸다

스테이플러는 내 입을 다물게 하고
입술은 끊임없이 입을 열고 싶어 한다

쉴 새 없는 입술과 혀의 합작
팽팽한 긴장감이 몰려오는 식욕의 시간

묶였던 입술이 부풀어 오르고
생채기 난 스테이플러 침이 튀어 올라갈 때

나의 식욕은 입과 혀의 피범벅에 놀라지 않고
눈물 범벅이 된 마스카라가 번진 눈에도
당당하게 케이크를 향해 돌진한다

그 어떤 타협도 없이 빛나는 식욕

입술을 질끈 깨물었지만
혀가 내내 질문으로 흔들었지만
무엇도 나를 멈추게 할 수 없었다

흘러넘치는 침을 닦는다
끝말잇기처럼 계속되는 장면들처럼

하루에 한 끼만 드세요

해설

임지훈 문학평론가

오래도록, 깊이, 그리하여 새의 언어로

임지훈

 많은 시인들이 하는 흔한 실수 가운데 하나는 시적 순간이란 일상과는 대별되는 특수한 찰나라고 착각하는 것이다. 우리가 마주하는 모든 순간은 시가 될 수 있는 가능성을 담고 있지만, 그러한 착각은 우리가 마주하는 일상을 무가치한 것으로 인식하게 만들곤 한다. 이미 소중한 것을 손안에 쥐고 있음에도 새롭고 특수한 것을 손에 넣고자 손을 펼침으로써, 진짜 소중한 순간을 놓치고 마는 것이다.
 그렇다면 시적인 순간이란 무엇인가. 그것은 우리의 일상 언어가 온전히 담아낼 수 없는 순간이다. 그런데 나는 앞서 시의 소재가 따로 있는 것이 아니라 말했으니 이는 얼핏 보기에 서로 모순되는 이야기인 것처럼 보인다. 그러나 이는 결코 모순되는 이야기가 아니다. 시적 순간이란 결국 이 모든 순간이 일상의 언어로 온전히 환원될 수 없으며, 언어를 초과하는 과잉이 우리의 삶 안에 늘 존재하고 있음을 감각하는 순간이기 때문이다. 시인의 언어란 바로 그 과잉의 지점을 가리키는 것이며, 시인의 이미지란 말할 수 없는 바로 그 지점을 보여주기 위한 일종의 방편이라 할 수 있다.

그렇기에 시인은 언어를 활용한다는 점에서 '말하는 자'이면서, 아이러니하게도 '말할 수 없는 자'이기도 하다. 언어를 초과하는 '말할 수 없는' 순간을 '말하고자' 하는 일이란, 자신의 '말할 수 없음'을 통감하며 그럼에도 '말하고자' 한 걸음을 더 딛는 일이기 때문이고, 그 과정에서 때때로 시인의 언어는 불필요한 감정적 소요 대신 여백을 선택하기도 하기 때문이다. 이 말은, '말하는 자'로서 시인이란 언어로 나눠질 수 없는 침묵의 순간과도 늘 함께할 수밖에 없는 운명의 주인임을 의미한다. 그렇기에 시인의 언어는 '문자'를 통해 이루어짐에도 때때로 '침묵'을 선택하기도 하며, 어떤 때에는 '침묵'이 수백 수천 마디의 말보다 더 강한 의미를 전달하기도 한다.

그러한 관점에서 보자면, 오늘 우리가 마주한 이 한 권의 시집은 침묵과 발화 사이를 오가며, 말할 수 없는 것을 말하고자 새롭게 발을 떼고 있는 한 시인의 여정이 담겨있다고 말하고 싶다. 이것은 한보람이라는 시인이 일상의 무수한 존재들과 현상들을 시적 소재로 활용하면서 자기만의 언어를 정련해나가고 있음을 의미하는 것이면서, 부러 과잉된 정서적 표현 대신 때로는 침묵을 선택할 줄 아는 시적 지혜를 갖고 있음을 의미하는 것이기도 하다. 이러한 지점은 한보람이라는 시인이 갖춘 미덕을 살핌으로써 보다 세세히 말해질 수 있을 것으로 보인다. 다음의 시를 읽으며 이 시인이 갖춘 미덕이 어떤 것인지, 그러한 미덕을 통해 '말할 수 없는 것'을 어떻게 다루고 있는지 살펴보도록 하자.

　　횡단보도들이 마치 음계를 그리듯
　　휘어져 있는
　　한밤의 도시

　　수많은 잎들이 뒹구는 가을을 오래 바라보았다
　　그 찰나에 모두는 그곳에 살아 숨 쉬고 지나갈 것

　　버스를 기다리고 지하철을 타고
　　불안하게 손목 시계를 보고
　　시든 꽃의 가격을 흥정하고
　　길을 걸으면서 토익 단어를 외우고
　　내내 바스락거린다

　　하얗고 둥근 불안들

나무마다 사슬을 두르고

내딛는 곳마다 얼굴이 지워지는 것도 모른 채

물방울이 되어 지워지는 사람

―「한밤의 동물원」 전문

  평범한 도시의 밤 풍경을 소재로 하고 있는 이 시는 한보람이라는 시인이 가진 시인으로써의 미덕을 절절히 보여주고 있다. 첫 번째 미덕은 오래도록 바라보는 힘이다. 시인은 자기 앞에 펼쳐진 일상적 풍경을 오래도록 바라보며 그 풍경을 때로는 비유적으로, 때로는 직설적으로 소묘하듯 그려낸다. 그렇게 그려진 풍경 속에서 일상적 사물들은 사실에 대한 진술을 넘어서는 정서적 힘을 얻게 된다. 가령 3연에 쓰인 "버스를 기다리고 지하철을 타고/불안하게 손목시계를 보고/시든 꽃의 가격을 흥정하고/길을 걸으면서 토익 단어를 외우고" 하는 사람들의 모습은 우리 또한 일상에서 무수히 마주하게 되는 평범한 풍경이지만, 2연의 마지막에 놓인 "그 찰나에 모두는 그곳에 살아 숨 쉬고 지나갈 것"이라는 구절과 마찬가지로 3연의 마지막 구절인 "내내 바스락 거린다"는 구절과 어우러지면서 흡사 '살아 있으나, 금방이라도 바스라질 것처럼 위태로운' 모습으로 다시 그려진다.

  이는 시인이 지닌 두 번째 미덕의 덕분이기도 한데, 그것은 바로 그가 오래도록 사물을 바라볼 뿐 아니라, 깊이 바라

본다는 사실 때문이다. 일상적인 풍경이라 할지라도, 그 풍경 속에 놓인 인물들의 모습은 매일 다르고, 그 내면에 존재하는 정서 또한 매일 다를 수밖에 없다. 즉, 우리가 마주하는 일상의 풍경이란 매일 같은 것이면서 동시에 매일 다른 것이기도 하다는 것이다. 그럼에도 "한밤의 도시" 속 주민인 우리는 일상적으로 스쳐 지나는 서로를 그저 매일 같은 것으로 일축하며, 그 존재론적 의미를 스스로 축소시키기를 반복한다. 시인은 그러한 사람들의 모습을 "하얗고 둥근 불안들/나무마다 사슬을 두르고/내딛는 곳마다 얼굴이 지워지는 것도 모른 채/물방울이 되어 지워지는 사람"이라 비유적으로 표현한다.

이처럼 대상이 모여 이루는 풍경을 시적 언어를 통해 그려내면서, 동시에 그 내면에 담긴 정서적 풍경을 그려내는 시인의 능력은 오래도록 바라보는 힘과 깊이 바라보는 힘, 두 가지가 맞물려 이루어진다. 흥미로운 것은 이러한 바라보는 일이 자기 바깥의 대상들에만 국한되는 것이 아니라 자기 내면을 향해서도 이루어지고 있다는 사실이다. 특히 이러한 지점은 자신의 과거를 소재로 하고 있는 작품에서 잘 나타난다. 사랑이 끝나가는 찰나의 순간을 소재로 하고 있는 아래의 시를 통해 화자의 내면에 대한 응시와 깨달음을 살펴보자.

빗방울은 오른쪽에서 왼쪽으로

기울어져 내린다
나의 왼쪽 어깨는 익숙하게도 젖어 있다
산책이 길어질수록

하루 종일 연두비가 내린다

인생은 세잎클로버 속의 네잎클로버를 찾는
미로의 시간

떨어지는 연두색 비를 타고 내려오는 들판

어느 봄비 내리던 날
당신을 위해 한 쪽 어깨가 다 젖은 적이 있었지

당신은 우산이 넓은 것이라고 생각했겠지만
내 왼쪽은 젖었고 나는 구두를 신고 있었지

네잎클로버는 세잎클로버의 뒤에 한 잎을
풀로 붙인 것이라는 것을 알게 될 때쯤
내 기울어진 사랑도 왼쪽으로 흘렀네

손자국 따라 봄꽃이 핀다

빗방울은 오른쪽에서 왼쪽으로 기울어져 내린다
—「봄의 양손잡이」 전문

　비 오는 날 하나의 우산을 쓰고 함께 걷고 있는 연인들의 풍경을 그려내고 있는 이 시는 기울어짐과 젖음과 같은 표현을 통해 다소간 쓸쓸하고 우울한 정서를 표출하고 있다. 특히나 기울어진다는 표현은 시의 마지막까지 반복되며 이 둘의 관계가 균형을 유지하지 못하고 한 쪽으로 금방이라도 쏟아질 것만 같은 위태로운 지경에 처해 있음을 거듭 암시하고 있다. 흥미로운 것은 두 사람이 우산 하나에 의지하고 있는 정경이 상투적인 정다움으로 그려지는 것이 아니라는 점이다. 외려 두 사람은 서로의 젖은 어깨가 암시하듯, 각기 서로를 위해 자기의 일정량을 내어주고 있음에도 그 관계가 정상적으로 유지되지 못하고 있는 것으로 보인다.

　때문에 위의 시는 두 사람이 하나의 우산 아래 있다는 그 상징성에도 불구하고 위태롭고도 처연한 느낌을 훨씬 더 강하게 내뿜고 있다. 그러나 시인은 그 풍경을 단지 슬픔의 정서로 소묘하는 데에 소모하지 않고, 한 걸음을 더 내딛고 있는 듯 보인다. 예컨대, "네잎클로버는 세잎클로버의 뒤에 한 잎을/풀로 붙인 것이라는 것"과 같은 진술이 그것이다. 각각이 '행운'과 '일상'을 상징한다는 점을 상기하자면, 어쩌면 시인은 그러한 사랑의 관계 속에서 행운이란 일상에 덧대어진

허상에 불과하다는 점을 알아차렸는지도 모르며, 그로 인해 평범한 일상이 지닌 소중함 또한 깨달았는지도 모른다.

하지만 아이러니하게도 그 깨달음의 순간은 사랑의 파국과 함께 찾아든 것으로 보인다. 그럼에도 시인은 "손자국 따라 봄꽃이 핀다" 말하며, 그 순간이 잊어야 할 슬픔이 아닌 자기 안에 때때로 피어나는 아름다움의 또 다른 편린으로 받아들이는 모습을 보인다. 일상 속에서 어떤 기울어짐을 발견하는 순간마다 화자는 그 기울어짐 속에서 자기의 과거를 반추할 것이고, 자신의 사랑을 떠올릴 것이며, 그렇게 모든 기울어진 순간은 이전과 다른 또 다른 의미를 획득하게 될 것이다. 이를 다른 말로 표현하자면, 시인의 눈이 그 모든 일상적인 기울어짐의 순간에 새로운 의미를 부여하게 되리라는 말이기도 하다.

나는 이것이 바로 한보람이라는 시인이 가진 가장 큰 미덕이라 생각한다. 예컨대 시인이란 특수한 순간을 포착하여 그것을 과잉된 언어로 표현하는 일을 하는 자가 아니라, 우리의 일상 그 자체가 특수하고 특별한 순간임을 감지하는 자이며, 그 특수함과 특별함이 언어로 온전히 표현될 수 없음을 알기에 비유를 비롯한 언어적 수법을 동원하고 활용하는 자이다. 한보람은 그러한 시인의 미덕에 부합하듯 자신이 목도한 일상적 순간을 오래도록 깊이 바라보며, 그 순간 속에 지닌 특별한 의미를 포착해 자신의 언어를 통해 시적 무대 위에 다시 세우고 있다. 그 세움의 과정 속에서 일상은 시인의 눈을 통해 새로운 의미를 지닌 특별한 정경으로 다시 태어나고 있는 것이다.

> 돌돌 말려진 띠옷을 입은 가로수길 옆
> 부모와 떨어진 아이는 실어증을 앓았다
>
> 실어증은 물려받은 집안 내력 같은 것
>
> 운전수였던 할아버지의 품에서
> 버스의 빵빵거리던 경적소리가 좋아
> 아이는 버스 뒤꽁무니를 쫓아다녔다
>
> 이곳은 실어증을 앓기 좋아
> 살아가는 요령처럼
>
> 각자의 나팔을 들고 있는 풍선인형들
> 경쾌한 고속버스 휴게소
>
> 순두부처럼 연약한 딸의 성대를 두고
> 딸의 아비는 어디에 갔을까

애초에 말을 갖고 있지 않았다는 듯
야윈 발가락으로 아이는 오래 실어증을 앓았다

그 병은 깊어진 슬픔으로 비스듬히 기울어진

희미한 성대의 근육을 떠올릴 때 얼어붙는 밤
가방을 멘 한 떼의 아이들이 지나간다

분홍 솜사탕을 상상하며
몸을 둥글게 말던 아이는

새의 눈빛으로 새로운 말들을 기록하고 있다

―「실어증」 전문

  위와 같은 관점에서 바라보자면, 비록 개인적인 의미이겠으나 「실어증」이라는 시는 시인으로써의 '나'가 태어나는 순간을 조망하는 작품이면서 동시에 "새로운 말들"을 찾아 떠나는 일종의 출사표처럼 느껴진다. 위의 시에서 화자는 원경을 바라보듯 일정한 거리감을 통해 "부모와 떨어진 아이"의 성장기를 묘사하고 있다. '아비'를 잃고 '할아버지'로부터 멀어져 홀로 남은 아이는 풍경이 지닌 정서와는 동떨어진 채 자기만의 슬픔을 오래도록 앓고 있는 것으로 묘사된다. 그 슬픔의 깊이는 '실어증'이라는 병리적 증상을 통해 표출되는데, 시인은 이러한 화자의 처지를 양식적으로 표현하기 위해 일체의 발화를 제하고 오직 묘사만으로 그 모습을 써 내려가고 있는 것으로 보인다.

그러한 의미에서 '실어증'이란 홀로 남겨진 아이의 슬픔을 상징하는 것이면서, 그 슬픔이 '현재'에 이르기까지 여전히 해소되지 않았음을 의미한다. 즉, 말을 하지 않음 혹은 침묵이란 그 자체로 한 존재가 가진 슬픔을 병리적 증상의 형태로 외화 시킨 것이라 할 수 있다. 그러나 이 시에서 말할 수 없다는 증상이 단지 슬픔만을 의미하는 것은 아니다. 외려, 그러한 슬픔의 깊이 속에서만 길어질 수 있는 언어 또한 존재하기 때문이다. 다만 그 언어는 '말할 수 없음'에서 나타나는 '보편적 의미의 말'과는 다소 다를 수밖에 없다. 온전히 말해질 수 없는 슬픔을 말하기 위해 고안된 언어는 그러한 '말'을 초과하는 것이기에 어떤 새로움을 담지할 수밖에 없는 것이다.

어쩌면 이 지점이 대상을 오래도록, 그리고 깊이 바라봄으로써 현실을 새롭게 바라볼 수 있는 힘을 얻은 시인이 궁극적으로 지향하는 지점이 아닐까 생각한다. 즉, 말해질 수 없는 혹은 일상적 언어를 초과하는 지점을 감각하는 일은 동시에 자신의 내면에 말해지지 않은, 그리고 말해질 수 없었던 정서를 발견하는 일과 상통하기 때문이다. 그렇다면 그 말해질 수 없었던 것은 어떤 언어를 통해 말해질 수 있을까. 다소 범박한 생각일지 모르겠으나, 나는 그 일이 시인이 마지막 구절에서 말하고 있듯, "새의 눈빛으로 새로운 말들을" 통해 가능하지 않을까 추측해 본다. 다만 그 "말들"은 우리의 일상 언어와 같은 것이면서, 동시에 그 언어에 잠재된 그러나 잊혀진 의미를 되살리는 작업을 통해 이뤄질 것이며, 새로운 언어란 그처럼 오래된 언어를 다시 발견하는 일로부터 이뤄지리라 생각해 본다.

> 봄의 약속처럼
> 풀잎 향 가득 담은 강아지풀이 왔다
>
> 봄은 우리의 숙제처럼
> 사랑을 톡톡 건드려야 하고
>
> 내 심장의 사랑이 미완이듯
> 내 손바닥 위에서도 멈추지 않는 강아지풀
>
> 내가 지나쳐야 할 고독의 웅덩이에서
> 봄이 강아지풀의 손을 잡는다
>
> 오른발과 왼발은 오직 발걸음만 파내며

묵묵히 발걸음을 내딛을 뿐입니다, 봄은

완성되지 못한 봄처럼
연둣빛 안에 우리의 약속은
어느 날의 전설
강아지풀을

—「발목을 잡는 강아지풀」전문

이처럼 한보람의 작품은 대상을 오래 바라보는 일로부터 시작되어 그 속에서 깊이를 발견하는 일로 이어지고, 그 과정에서 대상을 새롭게 바라볼 수 있는 힘을 얻고 있다. 다만 그 과정은 아직 온전히 완성된 것이 아니기에 때에 따라 다소의 투박함을 노출하기도 하고 어떤 벽에 부딪히듯 좌절의 편린을 핥는 일로 이어지기도 한다. 그러나 역설적이게도 이 투박함과 좌절의 편린이 나에게는 하나의 매력으로 작동하기도 했다는 점을 새삼스레 밝혀두고 싶다. 미완은 결코 불완전함을 의미하는 것이 아니라 새로운 가능성을 담지하고 있음을 의미하는 것이며, 그러한 의미에서 투박함과 좌절의 가능성은 새로운 말을 길어낼 수 있는 잠재된 힘을 의미하는 것이기 때문이다.

물론 여기에는 하나의 전제가 필요하다. 자기의 언어가

그 말해질 수 없음에 가닿지 못한다 느낄 때 섣부르고 과잉된 언어로 포장하지 말 것. 가닿을 수 없는 자기 언어의 한계를 인정하고 외려 그 한계를 그려내는 일에 주력할 것. 예컨대 언어로 자기를 속이지 않으며 섣부른 만족에 빠져들지 말 것. 물론 우리는 알고 있다. 한보람이라는 시인이 지금의 시를 넘어 또 다른 페이지를 멀지 않은 순간에 활짝 열게 될 것임을 말이다. 시인의 말을 빌리자면, 그의 시는 지금까지, 여전히, 그리고 앞으로도 "오른발과 왼발은 오직 발걸음만 파내며/묵묵히 발걸음을 내딛을"것임을 알고 있기 때문이다. 한 시인의 탄생에 경의를 표하며, 시인의 앞날에 환희와 슬픔이 가득하길 바란다.

한보람 시집
빨간 우체통과 새

1판 1쇄 발행 / 2025년 09월 10일
1판 3쇄 발행 / 2025년 10월 31일

지은이 / 한보람
펴낸이 / 황학주
펴낸곳 / 발견
디자인 / (주)시아울
주소 / 강원도 횡성군 둔내면 우용로 97번길 44 해밀리 512동
e-mail / balgyeonbook@naver.com

ⓒ 한보람 2025
ISBN : 978-89-6879-086-7 (03810)

- 잘못된 책은 구입한 서점에서 바꿔드립니다.
- 책값은 뒤표지에 있습니다.
- 이 책의 판권은 저자와 발견에 있습니다.
- 이 책 내용의 전부 또는 일부를 재사용하려면 반드시 지은이와 발견의 서면 동의를 받아야 합니다.